SRC-Vokabeln mit Aussprachetipps

Für Skipper ohne Englischkenntnisse

Michael Felske

IMPRESSUM

Bibliografische Information der Deutschen Nationalbibliothek:
Die Deutsche Nationalbibliothek verzeichnet diese Publikation in der Deutschen Nationalbibliografie; detaillierte bibliografische Daten sind im Internet über http://dnb.dnb.de abrufbar.

© 2023 Michael Felske

Lektorat: Franka Felske

Foto: Michael Felske http://www.aspektederfotografie.de, pexels-lisaweta-10963280

Herstellung und Verlag: BoD – Books on Demand, Norderstedt

ISBN: 9783734704802

VORWORT

Funksprüche in der SRC-Prüfung richtig übersetzen können

Antworten auf alle Fragen des SRC-Prüfungsstoffs sind klar. aber das Übersetzen der 27 Funksprüche bereitet Ihnen Sorgen? Genau hier setzt mein Kurs an und hilft Ihnen weiter.

Sicher im Stoff werden Sie mit Aussprachehinweisen zu den einzelnen Vokabeln der 27 Funksprüche. Bewusst habe ich auf die Verwendung der Lautschrift zugunsten des normalen Alphabets verzichtet, da ich nicht davon ausgehe, dass die Lautschrift bei allen Lesern hinlänglich bekannt ist. Aus diesem Grund ergeben sich bei manchen Vokabeln Ungenauigkeiten, die allerdings in der SRC-Prüfung keine Rolle spielen werden. Schließlich ist die Prüfung kein Englischtest, sondern die praktische SRC-Funkprüfung.

Prüfungsanforderungen

In der theoretischen Prüfung wird Ihnen einer der englischen Texte diktiert. Namen und geografische Begriffe werden mit der Buchstabiertafel gegeben. Sie müssen diesen Text aufschreiben und dann schriftlich ins Deutsche übersetzen. Der zweite Prüfungsteil besteht aus einem deutschen Text, den Sie schriftlich ins Englische übersetzten müssen. Fehler führen zu einer Nachprüfung. Für jede Aufgabe stehen 15 Minuten Zeit zur Verfügung. Bei fehlerhafter oder unvollständiger Übersetzung erfolgt eine mündliche Nachprüfung.

Werfen wir jetzt mal einen Blick auf die englischen Wörter (Vokabeln). Zuerst die englische Vokabel, dann die Übersetzung ins Deutsche und als drittes eine Hilfestellung zur Aussprache:

FUNKSPRUCH 1

In vicinity of light and whistle buoy Humber 5,

capsized life raft observed. Survivors were not sighted.

Ships in area are requested to keep sharp lookout.+

In der Nähe der Leucht- Heultonne Humber 5 wurde

ein gekentertes Rettungsfloß beobachtet.

Überlebende wurden nicht gesichtet.

Schiffe in dem Gebiet werden gebeten,

scharf Ausschau zu halten.+

Die Vokabeln

In - in - in

vicinity - Nähe (i.d.) - Wissinitie

of - von - off

light and whistle buoy Humber 5 - Leucht-Heultonne Humber 5 - leit änd wissel buoi Hotel, Uniform, Mike, Bravo, Echo, Romeo, Feif

capsized - gekentertes - käppseißt

liferaft - Rettungsfloß - Leifräft

observed - beobachtet - obsörfd

Survivors - Überlebende - Sörweiwers

were - wurden - wöhr

not - nicht - nott

sighted - gesichtet - seited

Ships - Schiffe - Schipps

in area - in dem Gebiet - in Äria

are requested - werden gebeten - ar requästed

to keep - (zu) halten - to kiep

sharp - scharf (genau) - scharp

lookout - Ausschau – luckaut

FUNKSPRUCH 2

Seydisfjord/DFBY in position 61-10 N 003-45 E,

after explosion fire in engine room,

2 persons are seriously injured,

we have to abandon the vessel,

require immediate help.+

Seydisfjord/DFBY auf Position 61-10 N 003-45 E,

nach einer Explosion Feuer im Motorraum,

2 Personen schwer verletzt,

wir müssen das Schiff verlassen,

benötigen sofortige Hilfe.+

Die Vokabeln

In - in - in

position - Position - Posischen

after - nach - ahftö

explosion - Explosion - ixploschen

fire - Feuer - feier

engine - Motor - endschin

room - Raum - ruhm

2 - 2 - tuh

persons - Personen - pörsons

are seriously injured - schwer verletzt - ar sieriohsli indschurd we have to - wir müssen - wi häf to

abandon - verlassen - äbändon

the vessel - das Schiff - se wessel

require - benötigen - riekweier

immediate - sofortige - immiediet

help - Hilfe - hälp

degrees - Grad - diegries

minutes - Minuten - minits

north - Nord - norß

east - Osten - ihst

callsign - Rufzeichen - kolsein

FUNKSPRUCH 3

M/V Freyburg/DCAW reports person over board, last seen in position 53-53 N 008-56 E at 0730 UTC. All ships in vicinity are requested to keep sharp lookout and report to Maritime Rescue Co-ordination Centre Bremen.+

M/S Freyburg/DCAW berichtet Mensch über Bord, um 0730 UTC zuletzt gesichtet auf Position 53-53 N 008-56 E. Alle Schiffe in der Nähe werden gebeten, scharf Ausschau zu Halten und die Seenotleitung Bremen zu informieren.+

Die Vokabeln

M/V (motor vessel) - Motorschiff - motorwessel

callsign - Rufzeichen - kolsein

reports - berichtet - riports

person - Mensch – pöson

over board - über Bord - ower bord

last seen - zuletzt gesichtet - lahst sien

in position - auf Position - in posischion

53-53 N 008-56 E - 53-53 N 008-56 E - feif ßrie digries feif ßrie minits norß, ßero ßero äjt digries feif sixs minits iest

at - um - ät

0730 UTC - 0730 UTC - siro, sewen, ßree, sero ju ti ßie

All ships - alle Schiffe - ohl schipps

in vicinity - in der Nähe - in wisinniti

are requested - werden gebeten - ahr rikwestet

to keep sharp lookout - scharf Ausschau zu halten - to kiep scharp luckaut

and report to - und zu informieren - änd riport tu

Maritime Rescue Co-ordination Centre Bremen - Seenotleitung Bremen - maritim räskju koordinätion center Bremen

FUNKSPRUCH 4

Vikingbank/DESI in position 54-07 N 008-46 E,

rudder broken, drifting in rough sea towards the banks,

require immediate assistance.+

Vikingbank/DESI auf Position 54-07 N 008-46 E,

Ruder gebrochen, treiben in rauer See auf die Sände zu,

benötigen sofortige Hilfe.+

Die Vokabeln

in position - auf Position - in posischen

callsign - Rufzeichen - kolsein

54-07 N 008-46 E - 54-07 N 008-46 E - feif for digris sero sewen minits norß sero sero äit digris for six minits iest

rudder - Ruder - radder

broken - gebrochen - brouken

drifting - treiben - drifting

in rough sea - in rauer See - in raff sie

towards the banks - auf die Sände zu - towords ße bänks

require - benötigen - rikweier

immediate assistance - sofortige Hilfe - immiediät ässistänz

FUNKSPRUCH 5

Person over board in position 54-12 N 012-03 E at 2110 UTC.

Ships in vicinity are requested to keep sharp lookout and report

To Maritime Rescue Co-ordination Centre Bremen.+

Mensch über Bord auf Position 54-12 N 012-03 E um 2110 UTC. Schiffe in der Nähe werden gebeten, scharf Ausschau zu halten und der Seenotleitung Bremen zu berichten.+

Die Vokabeln

person - Mensch - pörson

over board - über Bord - ower boord

in position - auf Position - in posischen
54-12 N 012-03 E - feif foor digries wan tuu minits norß ßiero wan too digries ßiero ßrie minits iest

at 2110 UTC - um 2110 UTC - ät too wan wan ßiero ju tie sie

Ships in vicinity - Schiffe in der Nähe - Schipps in wisinnitie

are requested - werden gebeten - ar riquestet

to keep sharp lookout - scharf Ausschau zu halten - to kiep scharp luckaut

and report to Maritime Rescue Co-ordination Centre Bremen - und der Seenotleitung Bremen zu berichten - änd riport tu maritime reskju koordinäschen center bremen

FUNKSPRUCH 6

M/V Kybfels/DEJM in position 48-28 N 005-14 W,

heavy list to port side. Ships in vicinity please indicate position,

course and speed for possible assistance.+

M/S Kybfels/DEJM auf Position 48-28 N 005-14 W,

habe starke Schlagseite nach Backbord. Schiffe in der Nähe bitte

Position, Kurs und Geschwindigkeit für mögliche Hilfeleistung angeben.+

Die Vokabeln

M/V (motor vessel) - Motorschiff - motor wässel

in position - auf Position - in posischen

48-28 N 005-14 W - foor äit digries tuu äit minits norß ßiero ßiero feif digries wa foor minits west

heavy list - starke Schlagseite - häwi list
to port side - nach Backbord - tu port said

Ships in vicinity - Schiffe in der Nähe - schipps in wissiniti please indicate position, course and speed - bitte Position, Kurs und Geschwindigkeit angeben - plies indikät posischen, cours änd spied

for possible assistance - für mögliche Hilfeleistung - for possibel ässistenz

FUNKSPRUCH 7

Red rockets observed in position 55-16 N 016-23 E,

true bearing of 45 degrees, all ships in this area please keep

sharp lookout and report to MRCC Gothenburg.+

Rote Raketen beobachtet auf Position 55-16 N 016-23 E,

rechtweisende Peilung 45 Grad, alle Schiffe in diesem Gebiet bitte

scharf Ausschau halten und MRCC Göteborg berichten.+

Die Vokabeln

Red rockets - Rote Raketen - red rocketts

observed - beobachtet - obsörfd

in position - auf Position - in posischen

55-16 N 016-23 E - feif feif digries won siks minits norß siero wan siks digries tu ßrie minits iest

true bearing - rechtweisende Peilung - tru bäring

of 45 degrees - 45 Grad - off four feif digries

all ships - alle Schiffe - ohl schipps

in this area - in diesem Gebiet - in ßis äria

please keep sharp lookout - bitte scharf Ausschau halten - plies kiep scharp luckaut and report to MRCC Gothenburg - und MRCC Göteborg berichten - änd riport to MRCC Gothenburg

FUNKSPRUCH 8

Gale warning for Skagerrak and Kattegat, W force 8 to 9, decreasing to force 7, rough sea, showers, moderate to poor visibility.+

Sturmwarnung für Skagerrak und Kattegat, W 8 bis 9, abnehmend auf 7, raue See, Schauer, mäßige bis schlechte Sicht.+

Die Vokabeln

Gale warning - Sturmwarnung - gäl worning

for Skagerrak and Kattegat - für Skagerrak und Kattegat - for Skägeräk änd Kättegät

west force 8 to 9 - West 8 bis 9 - wäst forß eit to nein

decreasing - abnehmend - dikriesing

to force 7 - auf (Stärke) 7 - tu forß säwen

rough sea - raue See - raff sie

showers - Schauer - schauers

moderate to poor - mäßige bis schlechte - moderät tu puur

visibility - Sicht – wisibillitie

FUNKSPRUCH 9

M/V Gutenfels/DEEV in position 16-28 S 174-51 E,

flooding, ship is in critical condition, ships in area are requested to approach to this position for assistance.+

M/S Gutenfels/DEEV auf Position 16-28 S 174-51 E,

Wassereinbruch, Schiff befindet sich in kritischem Zustand, Schiffe in dem Gebiet werden gebeten, diese Position anzusteuern um Hilfe zu leisten.+

Die Vokabeln

M/V (motor vessel) - Motorschiff - motor wessel

in position - auf Position - in posischen

16-28 S 174-51 E - 16-28 S 174-51 E - won siks digries tu äit minits sauß wan sewen four digries feif wan minits iest

I repeat - Ich wiederhole - ei riepiet

flooding - Wassereinbruch - fluhding

ship is in critical condition - Schiff befindet sich in kritischem Zustand - schipp is in kritikal kondischen ships in area - Schiffe in dem Gebiet - schipps in ähria

are requested - werden gebeten - ahr rikwestet

to approach to this position - diese Position anzusteuern - tu aprohtsch tu ßis posischen

for assistance - um Hilfe zu leisten - four ässistenz

FUNKSPRUCH 10

Following received at 0732 UTC on VHF channel 16 "Mayday Fjaellfjord/LGBX in position 54-14 N 007-52 E, explosions in engine room, 6 persons are injured, require helicopter and medical assistance."+

Um 0732 UTC Folgendes auf UKW-Kanal 16 empfangen:

„Mayday Fjaellfjord/LGBX auf Position 54-14 N 007-52 E,

Explosionen im Maschinenraum, 6 Personen verletzt,

benötigen Hubschrauber und medizinische Hilfe."+

Die Vokabeln

Following - Folgendes - folloing

received - empfangen - riesiewd
at 0732 UTC - um 0732 UTC - ät siero säwen ßrie tu ju ti ßie

on VHF channel 16 - auf UKW-Kanal 16 - on wi eitsch eff tschännel wan six

: (colon) - Doppelpunkt - kolon

" " quotation marks - Anführungsstriche - kwotäischen marx

in position - auf Position - in posischen

54-14 N 007-52 E - feif fohr digries wan fohr minits norß siero siero säwen digries feif tu minits iest

explosions in engine room - Explosionen im Maschinenraum - iksploschions in ändschin ruhm

6 persons are injured - 6 Personen verletzt - siks pörsens ar indschurd

require - benötigen - rikweier

helicopter and - Hubschrauber und - helikopter änd

medical assistance - medizinische Hilfe - medikal äsistenz

FUNKSPRUCH 11

M/V Undine/DCBY in position 54-32 N 012-56 E,

fire in superstructures, vessels in area are requested to assist

in fire fighting.+

M/S Undine/DCBY auf Position 54-32 N 012-56 E,

Feuer in den Aufbauten, Schiffe in dem Gebiet werden gebeten,

Hilfe bei der Brandabwehr zu leisten.+

Die Vokabeln

M/V (motor vessel) - Motorschiff - motor wessel

in position - auf Position - in posischen

54-32 N 012-56 E - 54-32 N 012-56 E - feif four digries ßrie tu minits norß siero wan tu digries feif siks minits iest

fire in superstructures - Feuer in den Aufbauten - feier in sjuperstraktschers

vessels in area - Schiffe in dem Gebiet - wessels in äriea

are requested - werden gebeten - ar rikwested

to assist in fire fighting - Hilfe bei der Brandabwehr zu leisten - tu ässist in feier feiting

FUNKSPRUCH 12

M/V Hanseatic/DABR in position 51-10 N 003-45 E,

due to defective steering gear vessel is not under command,

require tug assistance.+

M/S Hanseatic/DABR auf Position 51-10 N 003-45 E,

Schiff ist wegen defekter Ruderanlage manövrierunfähig,

benötige Schlepperhilfe.+

Die Vokabeln

M/V (motor vessel) - Motorschiff - motor wessel

in position - auf Position - in posischen

51-10 N 003-45 E - 51-10 N 003-45 E - feif wan digries wan siero minits norß siero siero ßrie digries four feif minits iest

due to defective - wegen defekter - dju tu difektiff

steering gear - Ruderanlage - stiering gier

vessel is not under command - Schiff ist manövrierunfähig - wessel is not ander kommand require tug assistance - benötige Schlepperhilfe - rikweier tak ässistänz

FUNKSPRUCH 13

Yacht Spiekeroog/DB8434 in position 12 nm south of Cape Spartivento, a crew member has fallen off the mast and is seriously injured, require urgent medical assistance, true course 275 degrees, speed 13 kn.+

Yacht Spiekeroog/DB8434 auf Position 12 sm südlich Kap Spartivento, ist ein Besatzungsmitglied vom Mast gefallen und schwer verletzt, benötige dringend ärztliche Hilfe, rechtweisender Kurs 275°, Geschwindigkeit 13 kn.+

Die Vokabeln

yacht - Yacht - jaht

callsign - Rufzeichen - koolsein

in position - auf Position - in posischen

12 nm - 12 nm - twälf notikal meils

south of - südlich von - sauß of

a crew member - ein Besatzungsmitglied - e kru mämber

has fallen off the mast - ist vom Mast gefallen - häs follen off ße mahst

and is seriously injured - und schwer verletzt - änd is siriohsli indschurd require urgent medical assistance - benötige dringend ärztliche Hilfe - rikweier ödschent medikal ässistänz

true course - rechtweisender Kurs - truh kors

275 degrees - 275 Grad - tu säwen feif digries

speed 13 kn - Geschwindigkeit 13 kn - spied wan ßree nots

FUNKSPRUCH 14

S/Y Hadriane/DD2663 in position 54-38 N 011-13 E,

in collision with fishing vessel Meyenburg/DCYJ,

yacht is sinking after flooding, require immediate assistance.+

Segelyacht Hadriane/DD 2663 auf Position 54-38 N 011-13 E,

Kollision mit Fischereifahrzeug Meyenburg/DCYJ,

Yacht sinkt nach Wassereinbruch, benötigen sofortige Hilfe.+

Die Vokabeln

S/Y (Sailing yacht) - Segelyacht - säling yaht

callsign - Rufzeichen - koolsein

in position - auf Position - in posischen

54-38 N 011-13 E - 54-38 N 011-13 E - feif four digries ßrie äit minits norß siero wan wan digries wan ßrie minits iest

in collision with - Kollision mit - kollischion

fishing vessel - Fischereifahrzeug - fisching wässel

yacht - Yacht - jaht

is sinking - sinkt - is sinking

after flooding - nach Wassereinbruch - after fluhding

require - benötigen - rikweier

immediate - sofortige - immiediät

assistance - Hilfe – äsistänz

FUNKSPRUCH 15

Sailing boat Rubin/OZMO, length 12 m, red hull and white sails, two persons on board, left Klintholm on July 16th at 0600 local time, bound for Visby and has not yet arrived there, shipping is requested to keep sharp lookout and report to Lyngby Radio.+

Segelboot Rubin/OZMO, 12 m Länge, roter Rumpf und weiße Segel, zwei Personen an Bord, verließ Klintholm am 16. Juli um 0600 Uhr Ortszeit mit Bestimmungshafen Visby, ist bisher dort nicht eingetroffen, Schifffahrt wird gebeten, scharf Ausschau zu halten und Lyngby Radio zu berichten.+

Die Vokabeln

Sailing boat - Segelboot - säling bout

callsign - Rufzeichen - koolsein

length 12 m - 12 m Länge - längß twälf mieters

red hull - roter Rumpf - ret hall

and white sails - und weiße Segel - änd weit sails

two persons on board - zwei Personen an Bord - tu pösens on bord

left Klintholm - verließ Klintholm - läft Klintholm

on July 16th - am 16. Juli - on sikstienß of dschulei

at 0600 local time - um 0600 Uhr Ortszeit - ät siero siks siero siero lohkal teim

bound for Visby - mit Bestimmungshafen Visby - baund for wisbie

and has not yet arrived there - ist bisher dort nicht eingetroffen - änd häs nott jett ereifed ßär

shipping is requested - Schifffahrt wird gebeten - schipping is rikwästed to keep sharp lookout - scharf Ausschau zu halten - tu kiep scharp luckaut

and report to Lyngby Radio - und Lyngby Radio zu berichten - änd riport tu lingbi rädio

FUNKSPRUCH 16

Tazacorte/DCAX in position 53-54 N 008-47 E, vessel on fire,

fire not under control, require immediate assistance.+

Tazacorte/DCAX auf Position 53-54 N 008-47 E, Schiff brennt,

Feuer nicht unter Kontrolle, benötige sofortige Hilfe.+

Die Vokabeln

in position - auf Position - in posischen

53-54 N 008-47 E - 53-54 N 008-47 E - feif ßrie digries feif four minits norß siero siero äit digries four säwen minits iest

vessel on fire - Schiff brennt - wässel on feier

fire not under control - Feuer nicht unter Kontrolle - feier not ander kontrol

require immediate assistance - benötige sofortige Hilfe - rikweier imiediät ässistenz

FUNKSPRUCH 17

M/V Tete Oldendorff/DKOV in position 55-12 N 005-08 E,

a crew member 56 years old, is unconscious,

suspect of heart attack, require urgently medical assistance by helicopter.+

M/S Tete Oldendorff/DKOV auf Position 55-12 N 005-08 E, ein Besatzungsmitglied, 56 Jahre, ist bewusstlos, Verdacht auf Herzinfarkt, benötige dringend medizinische Hilfe per Hubschrauber.+

Die Vokabeln

M/V (motor vessel) - Motorschiff - motor wessel

in position - auf Position - in posischen

55-12 N 005-08 E - 55-12 N 005-08 E - feif feif digries wan tu minits norß siero siero feif digries siero eit minits iest

a crew member - ein Besatzungsmitglied - e kruhmämber

56 years old - 56 Jahre - feif siks jiers old

is unconscious - ist bewusstlos - is ankonschess

suspect of heart attack - Verdacht auf Herzinfarkt - saspäkt of hart ättäck

require urgently - benötige dringend - rikweier ördschentli

medical assistance - medizinische Hilfe - mädikel äsisstenz

by helicopter - per Hubschrauber - bei hälikopter

FUNKSPRUCH 18

M/V Atlantica/DEAQ in position 55-23 N 006-18 E,

due to engine trouble ship is not under command and drifting in

very rough sea and high swell, require immediate

tug assistance.+

M/S Atlantica/DEAQ auf Position 55-23 N 006-18 E,

Schiff treibt wegen Maschinenausfall manövrierunfähig in sehr

schwerer See und hoher Dünung, benötigen dringend Schlepperhilfe.+

Die Vokabeln

M/V (motor vessel) - Motorschiff - motor wessel

in position - auf Position - in posischen

55-23 N 006-18 E - 55-23 N 006-18 E - feif feif digries tu ßrie minits norß siero siero siks digries wa eit minits iest

due to engine trouble - wegen Maschinenausfall - dju to ändschin trabbel

ship is not under command - Schiff ist manövrierunfähig - schipp is not ander kommand drifting in very rough sea and high swell - treibt in sehr schwerer See und hoher Dünung - drifting in wäri raff sie änd hei swell

require immediate tug assistance - benötigen dringend Schlepperhilfe - rikweier immiediät tag ässistänz

FUNKSPRUCH 19

Sailing yacht Relaxe/SWLU, description:1 length 40 feet,

white hull and white superstructures, brown sails,

underway from Martinique to the Azores overdue since

January 16th, ships on this route are requested to keep

sharp lookout and report to US Coast Guard.+

Segelyacht Relaxe/SWLU, Beschreibung: Länge 40 Fuß, weißer

Rumpf und weiße Aufbauten, braune Segel, unterwegs von

Martinique zu den Azoren, seit dem 16. Januar überfällig,

Schiffe, die sich auf dieser Route befinden, werden gebeten scharf Ausschau zu halten und der US-Küstenwache zu berichten.+

Die Vokabeln

Sailing yacht - Segelyacht - säiling jaht

description - Beschreibung - diskrippschen

: (colon) - : Doppelpunkt - kolohn

length 40 feet - Länge 40 Fuß - längß four siero fiet

white hull - weißer Rumpf - weit hall

white superstructures - weiße Aufbauten - weit sjuperstraktschers brown sails - braune Segel - braun säils

underway from Martinique - unterwegs von Martinique - anderwäj from Martinique

to the Azores - zu den Azoren - tu ßie eßors

overdue since January 16th - seit dem 16. Januar überfällig - owerdju sinz jänjuäri sikstienß

ships on this route - Schiffe, die sich auf dieser Route befinden - schipps on ßis ruuht

are requested - werden gebeten - ahr riekwästet

to keep sharp lookout - scharf Ausschau zu halten - tu kiep scharp luckaut

and report to US Coast Guard - und der US-Küstenwache zu berichten - änd rieport tu ju es koust gard

FUNKSPRUCH 20

Sailing yacht Acatenanco/DB2932, in position 61-17 N 004-28 E, broken mast, damaged rudder, vessel is not under command, drifting rough sea, require tug assistance.+

Segelyacht Acatenanco/DB 2932, auf Position 61-17 N 004-28 E, gebrochener Mast, Ruderschaden, Schiff treibt manövrierunfähig in schwerer See, benötigen Schlepperhilfe.+

Die Vokabeln

Sailing yacht - Segelyacht - säiling jaht

in position - auf Position - in posischen

61-17 N 004-28 E - 61-17 N 004-28 E - siks wan digries wa säwen minits norß siero siero four digries tu äit minits iest broken mast - gebrochener Mast - broken maast

damaged rudder - Ruderschaden - dämädscht radder

vessel is not under command - Schiff ist manövrierunfähig - wässel is not ander kommand

drifting in rough sea - treibt in schwerer See - drifting in raff sie

require tug assistance - benötigen Schlepperhilfe - rikweier tag ässitänz

FUNKSPRUCH 21

Forecast area Dogger Bank strong westerly winds increasing to gale force 8 to 9, veering later, drizzle at times, moderate to poor visibility.+

Im Vorhersagegebiet Dogger Bank starke westliche Winde,

zunehmend auf Sturmstärke 8 bis 9, später rechtsdrehend, zeitweise Sprühregen, mäßige bis schlechte Sicht.+

Die Vokabeln

Forecast area - Vorhersagegebiet - forkahst äria

Dogger Bank - Dogger Bank - dogger bänk

strong westerly winds - starke westliche Winde - strong westerli winds

increasing - zunehmend - inkriesing

to gale force 8 to 9 - auf Sturmstärke 8 bis 9 - tu gäl forß ait tu nein

veering later - später rechtdrehend - wiering läter

drizzle at times - zeitweise Sprühregen - drissel ät taims

moderate to poor visibility - mäßige bis schlechte Sicht - moderät tu puhr wisibilitie

FUNKSPRUCH 22

In position 43-00 N 009-19 W observed several drifting 40-feet containers, red painted, one container marked with Texascon, ships in this area are requested to navigate carefully.+

Auf der Position 43-00 N 009-19 W sind mehrere rot gestrichene 40-Fuß-Container gesichtet worden, ein Container mit der Aufschrift Texascon, Schiffe in diesem Gebiet werden gebeten, vorsichtig zu navigieren.+

Die Vokabeln

In position - auf Position - in posischen

43-00 N 009-19 W - 43-00 N 009-19 W - four ßrie digries siero siero minits norß siero siero nein digries wa nein minits west

observed - gesichtet - obsörft

several - mehrere - seweral

drifting 40-feet containers - treibende 40-Fuß-Container - drifting forti fiet kontäiners

red painted - rot gestrichen - räd peinted

one container marked with Texascon - ein Container mit der Aufschrift Texascon - wa kontäiner markt wiß teksäskon ships in this area - Schiffe in diesem Gebiet - schipps in ßis äriea

are requested - werden gebeten - ar rikwästet

to navigate carefully - vorsichtig zu navigieren - tu näwigäte cärfulli

FUNKSPRUCH 23

M/V Xanthippe in position 51-28 N 002-40 E, has lost anchor. Shipping in this area is requested neither to anchor nor to use fishing gear.+

M/S Xanthippe hat auf Position 51-28 N 002-40 E Anker verloren, Schiffe in dem Gebiet werden gebeten, dort weder zu ankern noch Fischereigeschirr zu nutzen.+

Die Vokabeln

M/V motor vessel - Motorschiff - motor wässel

in position - auf Position - in posischen

51-28 N 002-40 E - 51-28 N 002-40 E - feif wan digries tu äit minits norß siero siero tu digries four siero minits iest

has lost anchor - hat Anker verloren - häs lost änkor

Shipping in this area - Schiffe in dem Gebiet - schipping in ßis äria

is requested - werden gebeten - is rikwästet

neither to anchor - weder zu ankern - neißer tu änkor

nor to use fishing gear - noch Fischereigeschirr zu nutzen - nor tu jius fisching gier

FUNKSPRUCH 24

Fairway between Den Helder and Den Oever light and whistle buoy MG 18 is reported unlit. Shipping in this area is requested to navigate with caution.+

Fahrwasser zwischen Den Helder und Den Oever, die Leucht- und Heultonne MG 18 ist als verlöscht gemeldet. Die Schifffahrt in diesem Gebiet wird gebeten, vorsichtig zu navigieren.+

Die Vokabeln

Fairway - Fahrwasser - fährwäi

between Den Helder and Den Oever - zwischen Den Helder und Den Oever - bietwien dan helder änd dan öwer light and whistle buoy MG 18 - die Leucht- und Heultonne MG 18 - lait änd wissel buoi mike golf wan äit

is reported unlit - ist als verlöscht gemeldet - is rieportet anlit

Shipping in this area - Schifffahrt in dem Gebiet - schipping in ßis äria

is requested - wird gebeten - is rikwästet

to navigate with caution - vorsichtig zu navigieren - tu näwigäte wiß koschon

FUNKSPRUCH 25

Weather forecast for the area north of Portugal: rain or showers, at times SW force 6, rapidly increasing to W force 8, veering to NW force 5 later.+

Wettervorhersage für das Gebiet nördlich von Portugal: Regen oder Schauer, zeitweise SW 6, rasch zunehmend auf W 8, später rechtdrehend auf NW 5.+

Die Vokabeln

Weather forecast - Wettervorhersage - wäßer fohrkahst

for the area - für das Gebiet - fohr ßie äria

north of Portugal - nördlich von Portugal - norß of portugal

rain or showers - Regen oder Schauer - räin or schauers

at times SW force 6 - zeitweise SW 6 - ät teims sauß west forß siks rapidly increasing to W force 8 - rasch zunehmend auf W 8 - räpidli inkriesing tu west forß eit

veering to NW force 5 later - später rechtdrehend auf NW 5 - wiering tu norß west forß feif läiter

FUNKSPRUCH 26

Underwater cable operations in progress until February 16th by M/V Leon Thevesin. Shipping is requested to keep a berth of more than 2 nm of position 33-55 N 008-04 W.+

Unterwasser-Kabelarbeiten werden bis zum 16. Februar durch M/S Leon Thevesin fortgeführt. Die Schifffahrt wird gebeten, mehr als 2 sm Abstand von der Position 33-55 N 008-04 W zu halten.+

Die Vokabeln

Underwater cable operations - Unterwasser-Kabelarbeiten - ander woter käbel operaischens

in progress until February 16th - werden bis zum 16. Februar fortgeführt - in progress antil februari sikstienß

by M/V Leon Thevesin - durch M/S Leon Thevesin - bei motor wessel lion ßiwisinn

Shipping is requested - Die Schifffahrt wird gebeten - schipping is rikwästet

to keep a berth of more than 2 nm - mehr als 2 sm Abstand zu halten - tu kiep a börß of mor ßän tu nautical meils

of position 33-55 N 008-04 W - von der Position 33-55 N 008-04 W - of posischen ßrie ßrie digries feif feif minits norß siero siero eit digries siero four minits west

FUNKSPRUCH 27

Navigational warning, western Baltic Sea: Traffic separation scheme south of Gedser. Replacement of buoyage of deep water lane and traffic separation scheme will be carried out from 28 Mai to 03 June according to German notices to mariners 41/01.+

Nautische Warnung, westliche Ostsee: Verkehrstrennungsgebiet südlich Gedser. Austausch der Betonnung des Tiefwasserwegs und des Verkehrstrennungsgebiets wird laut Nachrichten für Seefahrer 41/01 vom 28. Mai bis 3. Juni durchgeführt werden.+

Die Vokabeln

Navigational warning - Nautische Warnung - näwigäschional worning>

western Baltic Sea - westliche Ostsee - wästern boltik sie

Traffic separation scheme - Verkehrstrennungsgebiet - träffik säperäschen schiem

south of Gedser - südlich Gedser - sauß of gedster

Replacement of buoyage - Austausch der Betonnung - ripässment of boiasch

of deep water lane - des Tiefwasserwegs - of diep woter län

and traffic separation scheme - und des Verkehrstrennungsgebiets - änd träffik säperäschen schiem

will be carried out from 28 Mai to 03 June - wird vom 28. Mai bis 3. Juni durchgeführt werden - will bie kärried aut from twänti ait may tu thörd dschun

according to German notices to mariners 41/01 - laut Nachrichten für Seefahrer 41/01 - akkording tu dschörman noutisses tu märiners four wan siero wan

DAS BUCHSTABIERALPHABET

Eigennamen von Orten/Schiffen sowie deren Rufzeichen werden zuerst einmal komplett vorgetragen und dann mittels Buchstabieralphabet mit der Vorbemerkung "I spell" (Ich buchstabiere) buchstabiert. Besteht der komplette Name aus zwei einzelnen Namen wie z.B. Leon Thevesin in Funkspruch 26, dann erfolgt die Trennung durch die Angabe „new word" (neues Wort) zwischen den beiden Namensteilen.

A	Alfa
B	Bravo
C	Charlie
D	Delta
E	Echo
F	Foxtrott
G	Golf
H	Hotel
I	India
J	Juliett
K	Kilo
L	Lima
M	Mike
N	November
O	Oscar
P	Papa
Q	Quebec

R	Romeo
S	Sierra
T	Tango
U	Uniform
V	Victor
W	Whiskey
X	X-Ray
Y	Yankee
Z	Zulu

Anzeige

DAS HÖRBUCH ZUM THEMA

Funksprüche in der SRC-Prüfung richtig übersetzen können

Antworten auf alle Fragen des SRC-Prüfungsstoffs sind klar. aber das Übersetzen der 27 Funksprüche bereitet Ihnen Sorgen? Genau hier setzt mein Kurs an und hilft Ihnen effizient weiter.

Sicher im Stoff werden Sie mit Vokabeltraining inklusive Aussprachehinweisen. Effizient unterstützen Sie Audiodateien von Anfang an. Produziert für Skipper ohne Englischkenntnisse.

Das Hörbuch hat die ISBN 9783987625381 und ist für 24,99€ in den bekannten Hörbuchshops erhältlich.

HAFTUNGSAUSSCHLUSS

Die Inhalte dieser Publikation wurden mit größter Sorgfalt erstellt. Es handelt sich um eine Veröffentlichung zum Training der englischen Funksprüche, nicht um eine perfekte Prüfungsvorbereitung für das Funken. Für die Richtigkeit, Vollständigkeit und Aktualität der Inhalte kann ich somit keine Gewähr übernehmen. Auch übernehme ich keine Garantie für Prüfungserfolg bei der SRC-Prüfung. Somit lehne ich jegliche Haftung bei Misserfolg ab.